Rolf Krenzer/Stephen Janetzko:

Indianer-Lieder

10 wunderschöne neue Indianer-Lieder für Kinder zum Mitsingen, Tanzen und Bewegen

Das Liederbuch mit allen Texten, Noten und Gitarrengriffen zum Mitsingen und Mitspielen

Gesammelt und herausgegeben von Stephen Janetzko

www.kinderliederhits.de
Alle Lieder verlegt bei Edition SEEBÄR-Musik Stephen Janetzko, Erlangen
Online-Shop im Internet unter **www.kinderlieder-shop.de**
Coverillus: *Stephen Janetzko Lizenzgeber*
Covergrafik: Stephen Janetzko mit Marco Breitenstein
Notensatz, grafische Vorbereitung und Idee: Stephen Janetzko

ISBN-13: 978-3-95722-261-9

Inhaltsverzeichnis

Alle kleinen Indianer

Text: Rolf Krenzer; Musik: Stephen Janetzko; CD "Indianer-Lieder für Kinder"

Tempo: ca. 188

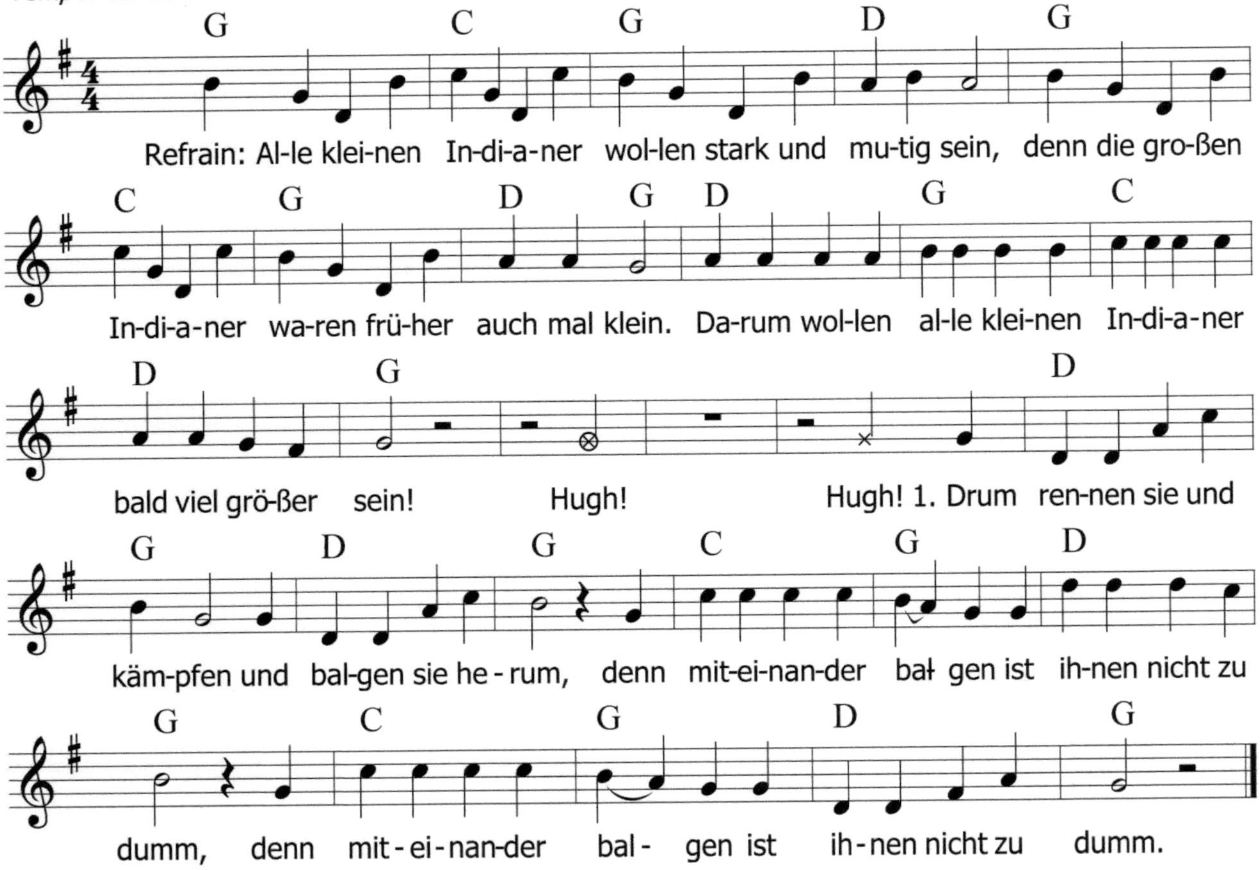

Refrain: Alle kleinen Indianer ...

2. Drum schwimmen sie und tauchen und spritzen alle nass,
denn alle nass zu spritzen macht doch den größten Spaß,
denn alle nass zu spritzen macht doch den größten Spaß.

Refrain: Alle kleinen Indianer ...

3. Sie schleichen durch die Büsche und haben sich versteckt
und sind erst dann zufrieden, wenn keiner sie entdeckt,
und sind erst dann zufrieden, wenn keiner sie entdeckt.

Refrain: Alle kleinen Indianer ...

4. Drum zeigen sie die Muskeln und tanzen wild und schön.
Da kommen alle Großen, um ihnen zuzusehn.
Da kommen alle Großen, um ihnen zuzusehn.

Refrain: Alle kleinen Indianer ...

5. Doch geht's ums Schleppen, Tragen, da packen sie mit an
und helfen ihren Müttern, weil man nicht anders kann,
und helfen ihren Müttern, weil man nicht anders kann.

Refrain: Alle kleinen Indianer ...

Wenn ich ein großer Adler wär

Text: Rolf Krenzer; Musik: Stephen Janetzko; CD "Indianer-Lieder für Kinder"

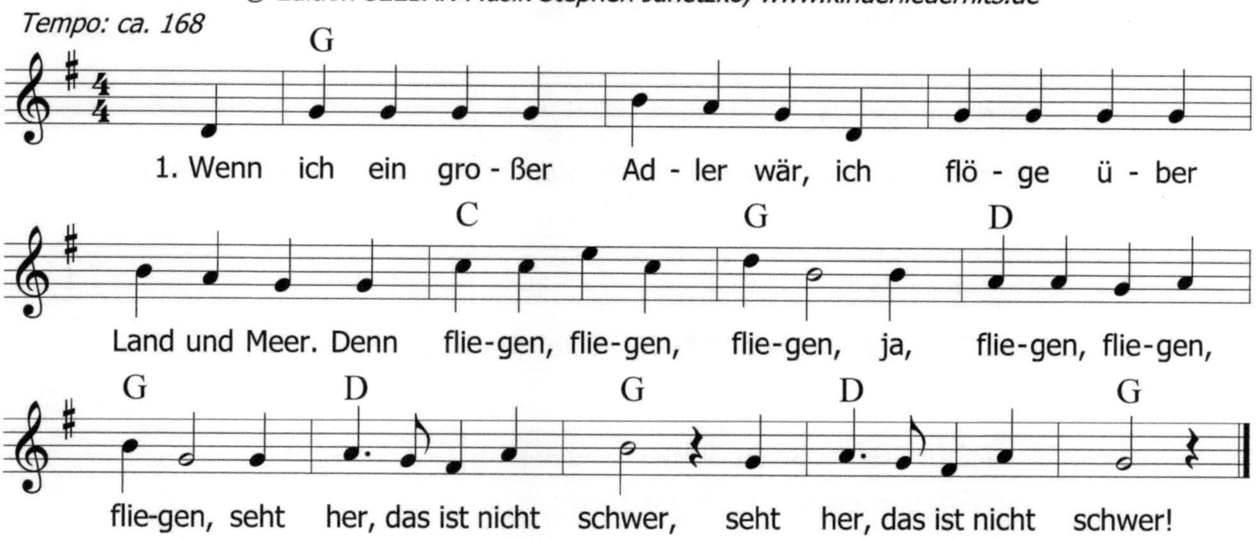

2. Und wäre ich ein großer Bär, ich tappte dick und schwer daher.
Denn tappen, tappen, tappen ...

3. Wenn ich ein wilder Büffel wär, ich stürmte schnell und wild daher.
Denn stürmen, stürmen, stürmen ...

4. Und wenn ich eine Schlange wär, ich schlängelte mich hin und her.
Denn schlängeln, schlängeln, schlängeln ...

5. Wenn ich ein flinker Biber wär, ich tauchte unter dir daher.
Denn tauchen, tauchen, tauchen...

6. Wenn ich ein schneller Mustang wär, ich trabte leicht und schnell daher.
Denn traben, traben, traben ...

7. Wenn ich eine Forelle wär, ich schwömme blitzschnell hin und her.
Denn schwimmen, schwimmen, schwimmen ...

8. Und wenn ich ein Kaninchen wär, ich spränge hin und spränge her.
Denn springen, springen, springen ...

Mein kleiner Indianer

Text: Rolf Krenzer; Musik: Stephen Janetzko; CD "Indianer-Lieder für Kinder"

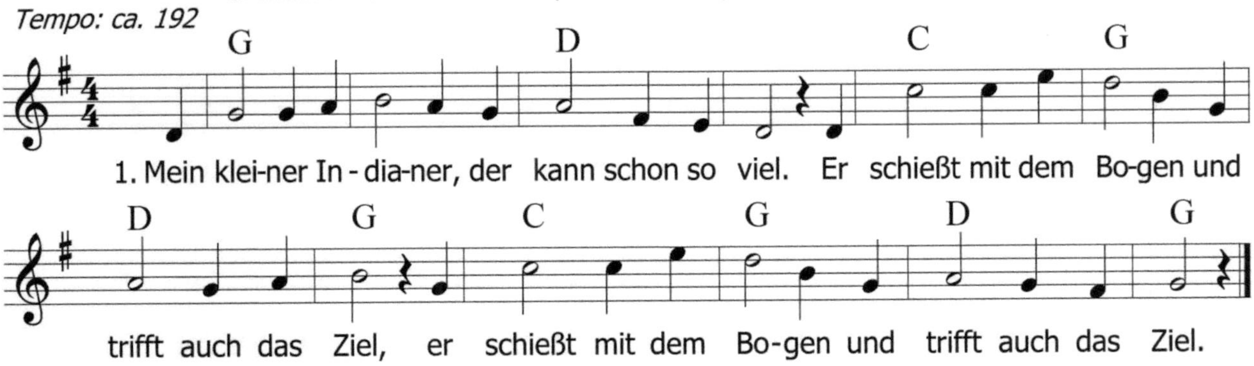

2. "Mein kleiner Indianer", sagt Mama ganz stolz,
"der holt mir fürs Feuer das richtige Holz,
der holt mir fürs Feuer das richtige Holz!"

3. "Mein kleiner Indianer", sagt Papa und lacht,
"der hat sich das Schwimmen allein beigebracht,
der hat sich das Schwimmen allein beigebracht!"

4. Die Schwestern, die Brüder, die loben ihn sehr:
"Es lernt der Indianer von Tag zu Tag mehr,
es lernt der Indianer von Tag zu Tag mehr!"

5. Verletzt der Indianer sich einmal am Zeh,
dann trösten ihn alle. Schon tut`s nicht mehr weh!
Dann trösten ihn alle. Schon tut`s nicht mehr weh!

6. Der kleine Indianer pfeift fröhlich ein Lied.
Da freun sich die Vögel und pfeifen laut mit,
da freun sich die Vögel und pfeifen laut mit.

Wenn alle Indianer jetzt reiten

Text: Rolf Krenzer; Musik: Stephen Janetzko; CD "Indianer-Lieder für Kinder"

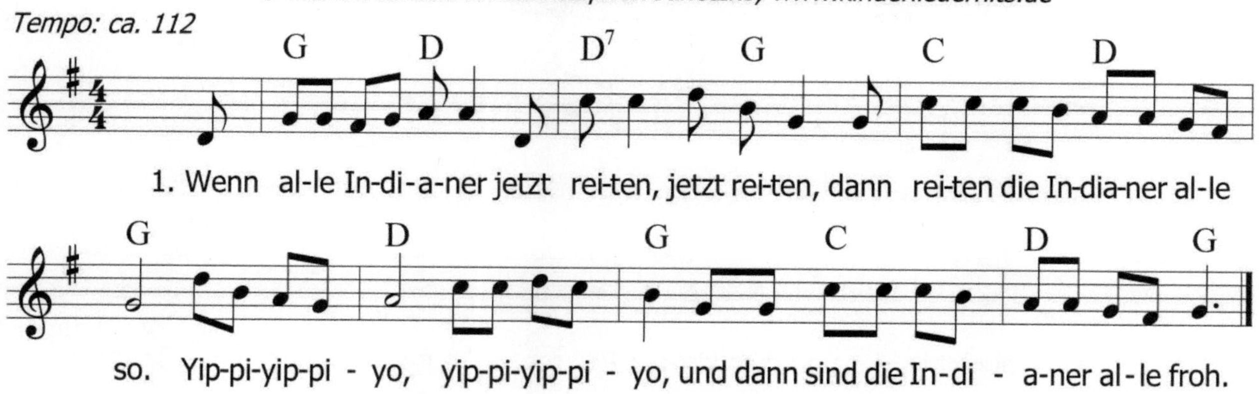

2. Wenn alle Indianer jetzt schleichen, jetzt schleichen,
dann schleichen die Indianer alle so. Yippi-yippi-yo...

3. Wenn alle Indianer das Lasso jetzt schwingen,
dann schwingen die Indianer alle so. Yippi-yippi-yo...

4. Wenn alle Indianer jetzt stampfen, jetzt stampfen,
dann stampfen die Indianer alle so. Yippi-yippi-yo...

5. Wenn alle Indianer jetzt tanzen, jetzt tanzen,
dann tanzen die Indianer alle so. Yippi-yippi-yo...

6. Wenn alle Indianer jetzt essen, jetzt essen,
dann essen die Indianer alle so. Yippi-yippi-yo...

7. Wenn alle Indianer jetzt niesen, jetzt niesen,
dann niesen die Indianer alle so. Yippi-yippi-yo...

8. Wenn alle Indianer jetzt gähnen, jetzt gähnen,
dann gähnen die Indianer alle so. Yippi-yippi-yo...

9. Wenn alle Indianer dann schlafen, dann schlafen,
dann schlafen die Indianer alle so.
Chrchr-chrchr - oh, chrchr-chrchr – oh, und dann sind die Indianer alle froh.

Pferdchen, reite weiter

Text: Rolf Krenzer; Musik: Stephen Janetzko; CD "Indianer-Lieder für Kinder"

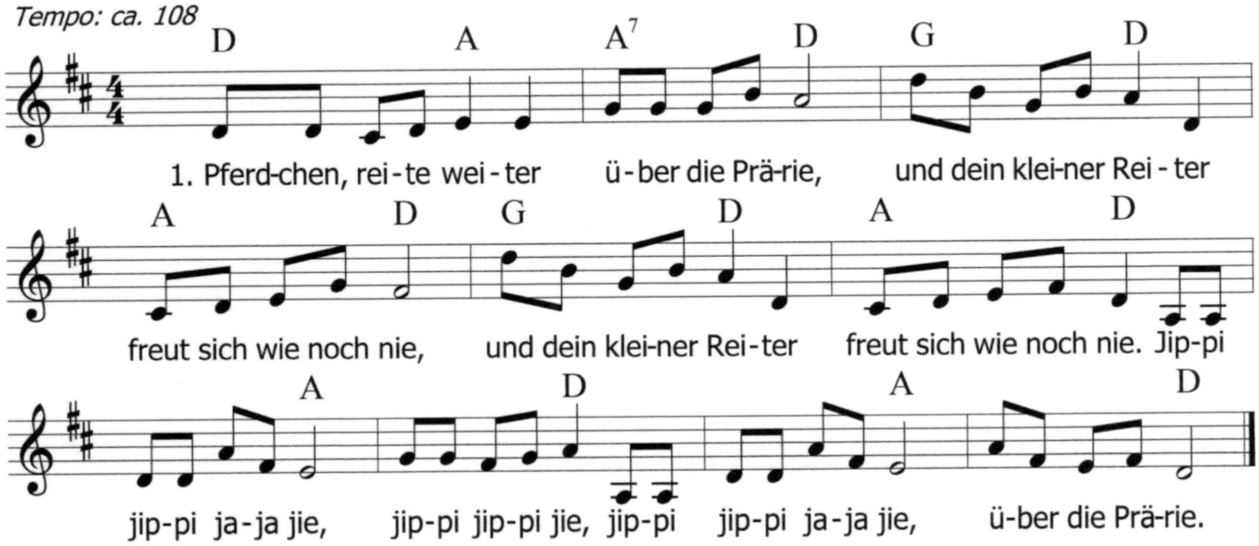

2. Pferdchen, kannst du springen?
Zeig mir`s, Pferdchen, wie.
Hollahopp, wir springen über die Prärie,
hollahopp, wir springen über die Prärie.
Jippi jippi jaja jie, jippi jippi jie,
jippi jippi jaja jie, über die Prärie.

3. Pferdchen, hast du Hunger?
Hier gibt`s Futter! Sieh!
Futter für mein Pferdchen hier in der Prärie,
Futter für mein Pferdchen hier in der Prärie.
Jippi jippi jaja jie, jippi jippi jie,
jippi jippi jaja jie, hier in der Prärie.

4. Pferdchen, bist du müde,
reiten wir nach Haus.
Ruhen uns bis morgen bei der Mutti aus,
ruhen uns bis morgen bei der Mutti aus,
Jippi jippi jaja jie, reiten wir nach Haus,
ruhen uns bis morgen früh bei der Mutti aus.

Wie tanzen die Indianer?

Text: Rolf Krenzer; Musik: Stephen Janetzko; CD "Indianer-Lieder für Kinder"
© Edition SEEBÄR-Musik Stephen Janetzko, www.kinderliederhits.de

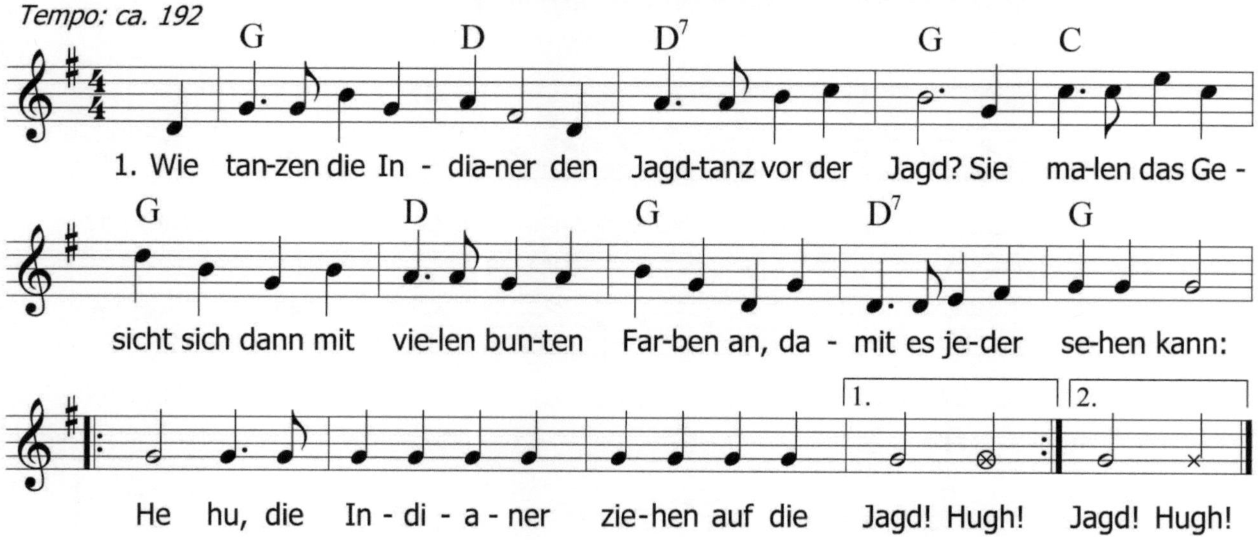

2. Wie tanzen die Indianer den Kriegstanz vor dem Kampf?
Sie malen das Gesicht sich dann mit vielen bunten Farben an,
damit es jeder sehen kann:
He hu, die Indianer ziehen in den Kampf! Hugh! ...

3. Wie schwingen die Indianer den Tomahawk beim Tanz?
Sie malen das Gesicht sich dann mit vielen bunten Farben an,
damit es jeder sehen kann:
He hu, die Indianer mit dem Tomahawk! Hugh! ...

4. Wie tanzen die Indianer den großen Friedenstanz?
Sie malen das Gesicht sich dann mit vielen bunten Farben an,
damit es jeder sehen kann:
He hu, die Indianer tanzen Hand in Hand! Hugh! ...

5. Wie tanzen die Indianer den Festtanz zu dem Fest?
Sie malen das Gesicht sich dann mit vielen bunten Farben an,
damit es jeder sehen kann:
He hu, die Indianer tanzen zu dem Fest! Hugh! ...

Der Büffeltanz
(Tanzt mit uns den Büffeltanz)

Text: Rolf Krenzer; Musik: Stephen Janetzko; CD "Indianer-Lieder für Kinder"

Tempo: ca. 192

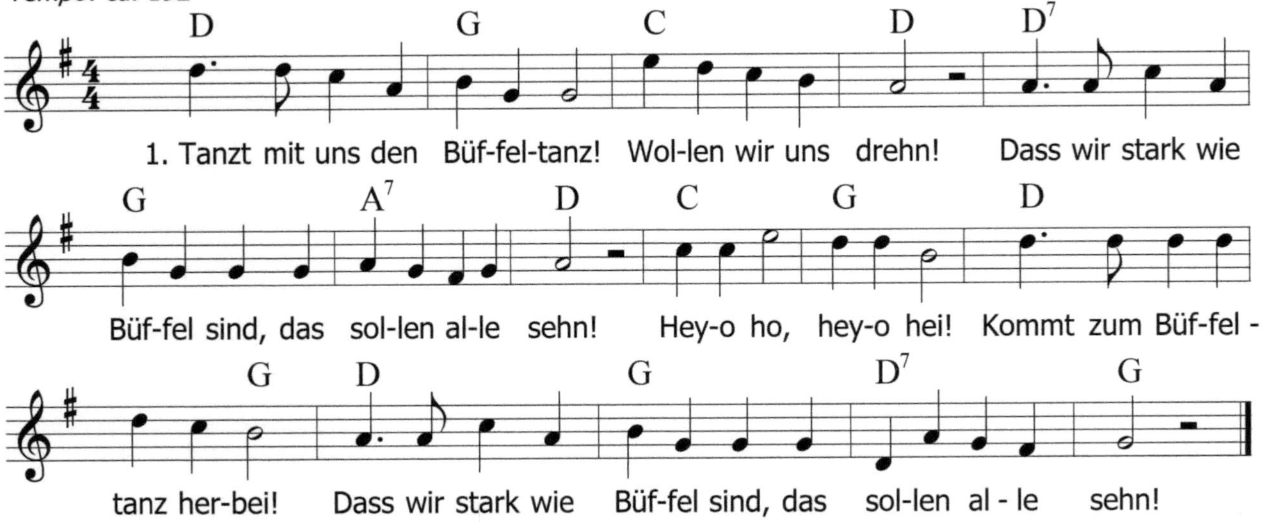

2. Tanzt mit uns den Büffeltanz! Wollen wir uns drehn!
Mit den Füßen scharren wir, das sollen alle sehn!
Heyo ho ...

3. Tanzt mit uns den Büffeltanz! Wollen wir uns drehn!
Dass wir schnell wie Büffel sind, das sollen alle sehn!
Heyo ho ...

4. Tanzt mit uns den Büffeltanz! Wollen wir uns drehn!
Dass wir schwer wie Büffel sind, das sollen alle sehn!
Heyo ho ...

5. Tanzt mit uns den Büffeltanz! Wollen wir uns drehn!
Dass wir echte Büffel sind, das sollen alle sehn!
Heyo ho ...

Indianeraugen

Text: Rolf Krenzer; Musik: Stephen Janetzko; CD "Indianer-Lieder für Kinder"

Tempo: ca. 192

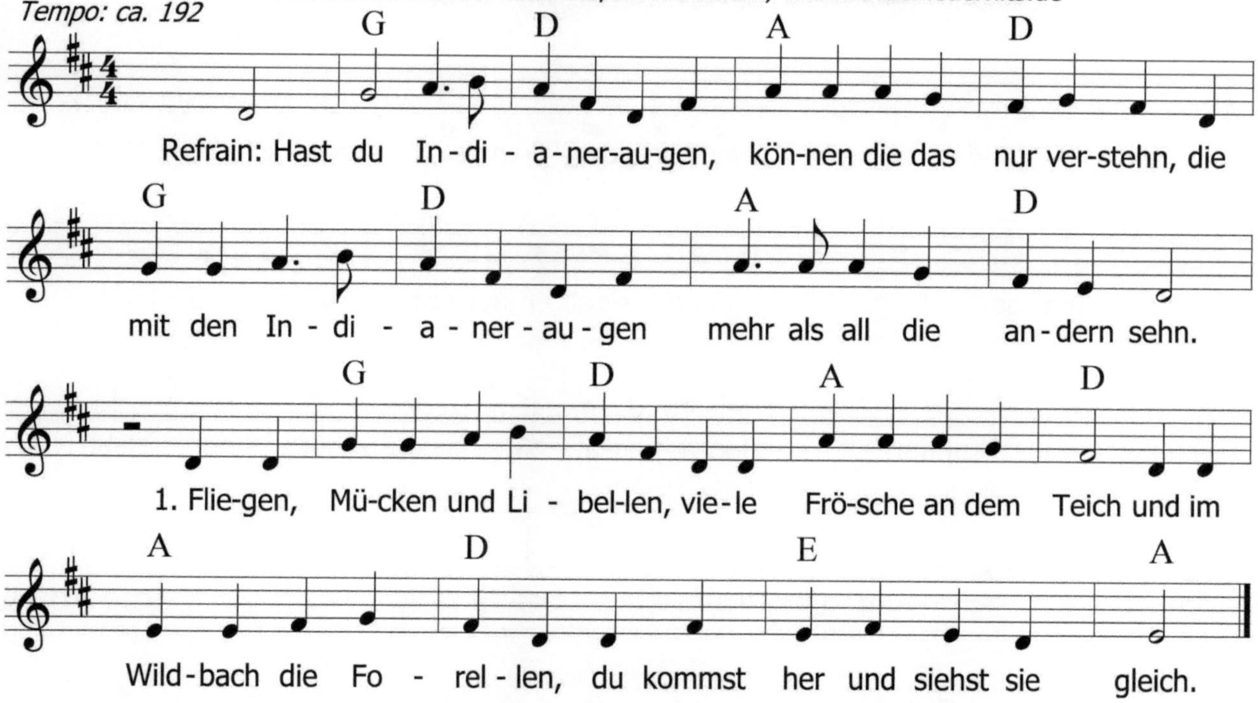

Refrain: Hast du Indianeraugen, können die das nur verstehn,
die mit den Indianeraugen mehr als all die andern sehn.

2. Eidechsen und kleine Schnecken, sieben Grashüpfer sogar,
lassen sich von dir entdecken. Auch ein Salamanderpaar. ***Refrain:*** Hast du Indianeraugen ...

3. Kleine Enten, mit Geschnatter schwimmen sie gleich auf dich zu.
Selbst die scheue Ringelnatter schlängelt sich nicht fort im Nu. ***Refrain:*** Hast du Indianeraugen ...

4. Auch der Zaunkönig, der kleine, der sich sonst so gut versteckt,
kommt zu dir von ganz alleine, und du hast ihn gleich entdeckt. ***Refrain:*** Hast du Indianeraugen ...

5. Spinnen und ganz selt´ne Käfer, Vogelkinder hoch im Baum,
Eichhörnchen und Siebenschläfer. Andre Leute sehn das kaum! ***Refrain:*** Hast du Indianeraugen ...

6. Bienen, Hummeln, Schmetterlinge, hier ein Vogel, dort ein Fisch.
Und du siehst die schönsten Dinge, und sie warten all auf dich. ***Refrain:*** Hast du Indianeraugen ...

7. Du gehst leise, bleibst oft stehen, dass sich ja kein Tier erschreckt.
Immer gibt es was zu sehen, und du hast schon viel entdeckt.

Schlussrefrain: Hätt ich auch Indianeraugen, würd ich heut schon mit dir gehn.
Lehr mich, mit Indianeraugen unsre schöne Welt zu sehn!

Medizinmann Eulenblick

Text: Rolf Krenzer; Musik: Stephen Janetzko; CD "Indianer-Lieder für Kinder"

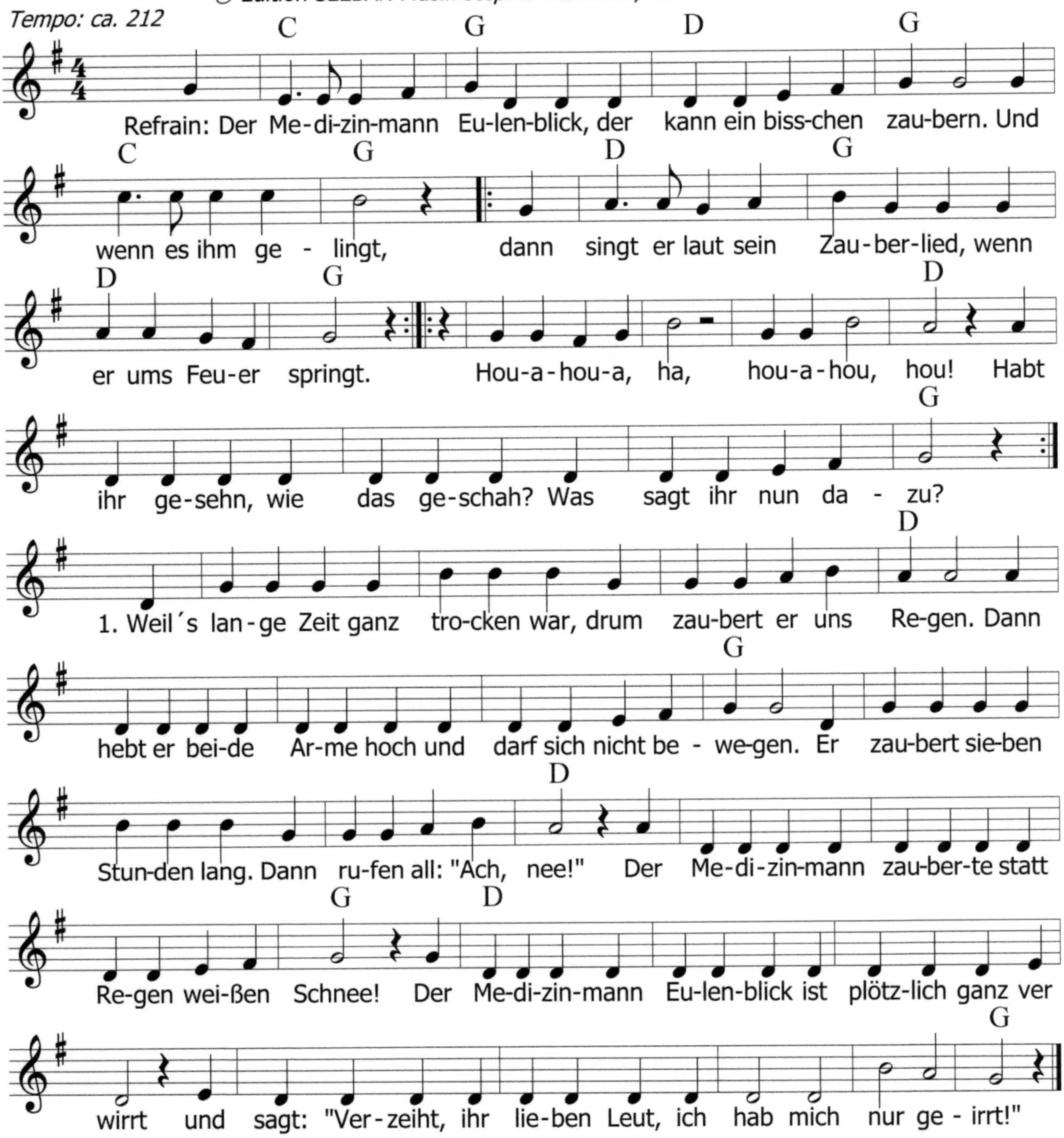

Refrain: Der Medizinmann Eulenblick ...

2. Als mal ein Kind verschwunden war, da hat er nicht gezaudert
und hat das Kind mit aller Kraft sofort herbeigezaubert.
Er zaubert sieben Stunden lang, dann rufen all: "Auwei!"
Der Medizinmann zauberte statt einem drei herbei!
Der Medizinmann Eulenblick ist plötzlich ganz verwirrt
und sagt: "Verzeiht, ihr lieben Leut, ich hab mich nur geirrt!"

Refrain: Der Medizinmann Eulenblick ...

3. `Nen neuen Häuptling wollten wir, wir fanden leider keinen.
Der Medizinmann lacht und sagt: "Ich zaubere euch einen!"
Er zaubert sieben Stunden lang, dann rufen alle: "Hau!"
Der Medizinmann zauberte uns eine Häuptlingsfrau!
Der Medizinmann Eulenblick ist gar nicht mehr verwirrt
und sagt: "Nun gratuliert, ihr Leut! Ich hab mich nicht geirrt!"

Refrain: Der Medizinmann Eulenblick ...

Geht der Tag zu Ende (Abends am Feuer)

Text: Rolf Krenzer; Musik: Stephen Janetzko; CD "Indianer-Lieder für Kinder"

Tempo: ca. 162

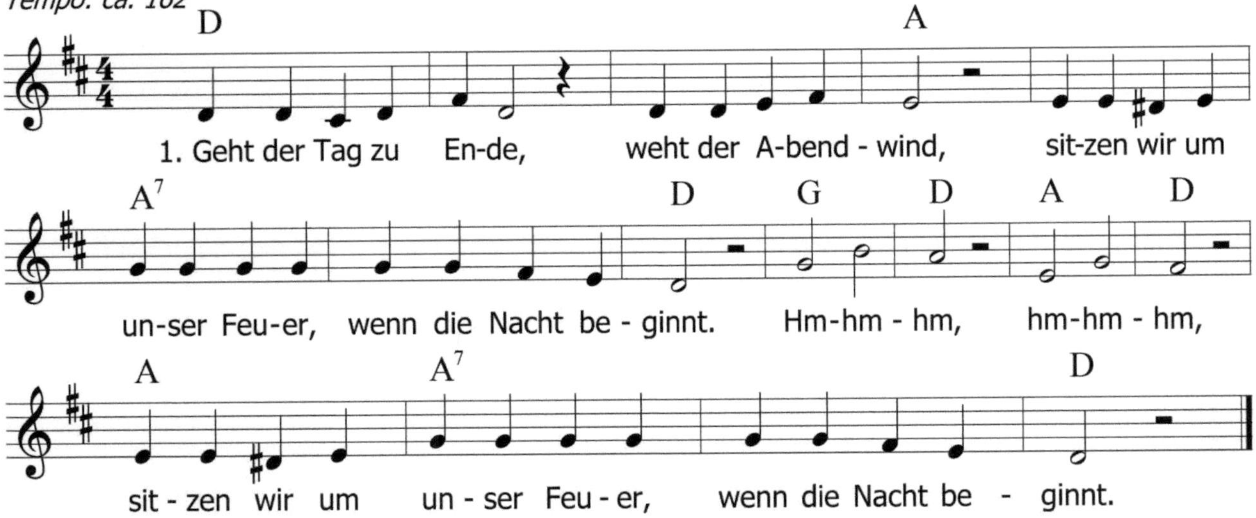

2. Wald und Wiesen schweigen, alles geht zur Ruh,
nur ein Käuzchen ruft von ferne leise noch "Huhu!". Hmhmhm, hmhmhm ...

3. Raschelt`s in den Büschen? Schleicht ein Tier sich an?
Nein, kein Wolf traut sich ans Feuer und an uns heran. Hmhmhm, hmhm ...

4. Flackern hoch die Flammen, glüht so rot die Glut,
schau ich in das helle Feuer, und das macht mir Mut. Hmhmhm, hmhmhm ...

5. Vater weiß Geschichten. Fängt er leise an,
weiß ich, dass ich den Geschichten immer zuhörn kann. Hmhmhm, hmhm ...

6. Spüre Mutters Arme. Sie summt leis ein Lied.
Und ich fühl mich so geborgen, und ich summe mit. Hmhmhm, hmhmhm ...

7. "Heute", sagen beide, "war ein guter Tag!"
Und ich bin so froh am Feuer, weil ich das so mag. Hmhmhm, hmhmhm ...

Raum für eigene Notizen:

www.kinderliederhits.de

Raum für eigene Notizen:

www.kinderliederhits.de

Raum für eigene Notizen:

Raum für eigene Notizen:

Raum für eigene Notizen:

Raum für eigene Notizen:

Raum für eigene Notizen:

Raum für eigene Notizen:

Raum für eigene Notizen:

Raum für eigene Notizen:

Raum für eigene Notizen:

Raum für eigene Notizen:

Raum für eigene Notizen:

www.kinderliederhits.de

Raum für eigene Notizen:

www.kinderliederhits.de

Raum für eigene Notizen:

www.kinderliederhits.de

... mehr Info, mehr CDs, mehr Lieder & Noten:
www.kinderliederhits.de

Stephen Janetzko

(Liedermacher und Verleger)

Mit einer 20-minütigen MC „Der Seebär" fing alles an, heute sind es weit über 600 Kinderlieder, die der gebürtige Hagener Liedermacher bereits auf über 50 CDs und in zahllosen Liedsammlungen veröffentlicht hat. Viele davon, wie „Hallo und guten Morgen", „Wir wollen uns begrüßen", „Augen Ohren Nase", „Das Lied von der Raupe Nimmersatt", „Hand in Hand" oder „In meiner Bi-Ba-Badewanne", werden heute gesungen in Kindergärten, Schulen und überall, wo Kinder sind.

... mehr Info, mehr CDs, mehr Lieder & Noten:
www.kinderliederhits.de